Anonymus

Zopf ab

Die chinesische Affaire im Lichte der europäischen Karikatur

Anonymus

Zopf ab

Die chinesische Affaire im Lichte der europäischen Karikatur

ISBN/EAN: 9783955644239

Auflage: 1

Erscheinungsjahr: 2013

Erscheinungsort: Bremen, Deutschland

@ EHV-History in Access Verlag GmbH, Fahrenheitstr. 1, 28359 Bremen. Alle Rechte beim Verlag und bei den jeweiligen Lizenzgebern.

„ZOPF AB"

•••• Die chinesische Affaire ••••
im Lichte der europäischen Karikatur.

Kulturkampf.
Umsonst, dass sich der Boxer wehrt:
Der Zug ihm durch die Beine fährt.

(Jugend.)

Verlag von Dr. Eysler & Co. (G. m. b. H.)
BERLIN S.W.

Das asiatische Stinkthier.

Was es gethan hat, soll furchtbar gerochen werden!

„Zopf ab"

Die chinesische Affaire im Lichte der europäischen Karikatur.

Die Presse wirft Paul Krüger weg; sie hat jetzt
eine neue Puppe.   (Mucha-Warschau.)

Die beiden Concurrenten.

Der Friede: Da verliert man ja die Lust am Geschäft, und früher waren das meine Stammgäste im Haag!

(Kladderadatsch).

Vorrede.

Wie der sich seinem Ende zuneigende Burenkrieg in so reichem Maasse, hat auch der gegenwärtige Krieg der zivilisirten Welt gegen China bereits zahllose Opfer gefordert im Reiche der Karikatur. „Peccatur intra et extra" sagt auch der Karikaturist und — so kann man mit einer kleinen Variation hinzusetzen — das ist seine Beute, was sein Stift erreicht!

In allerschärfster Weise wendet sich die Karikatur natürlich zuerst gegen die tollwüthigen, verrätherischen Boxerhorden, die nach ihren unerhörten, verabscheuungswürdigen Thaten (Gesandtenmord, Foltertod und dergl.) nur zum Auswurf der Menschheit gerechnet werden können.

In zweiter Reihe liess es die Unparteilichkeit der Karikatur nicht zu, nicht auch gegen die sogenannten einigen Grossmächte Front zu machen, die in ihrer lächerlichen Uneinigkeit die gute Sache im Grunde mehr aufhielten als förderten. Misstrauen und Neid, das waren die hervorstechenden Merkmale bei jeder gemeinsamen Aktion, und selbst die Wahl des Höchstkommandirenden, von der man die grösstmögliche Versöhnung aller widerstreitenden Elemente erhoffte, wurde erst recht zum Ausgangspunkt immer neuer Treibereien und schändlicher Insinuationen aller Art genommen. —

Bevor wir das vorliegende Sammelwerk über China der Oeffentlichkeit übergeben, genügen wir noch in herkömmlicher Weise einer Ehrenpflicht, indem wir allen den Blättern und Zeitschriften, aus deren Durchsicht diese Blüthenlese entstand, für ihr Entgegenkommen unsern Dank abstatten.

‚Auch die Bücher haben ihre Schicksale‘! Gehe denn dies Buch gleich allen seinen Vorgängern einem f r e u n d l i c h e n Schicksal entgegen!

Berlin. *Die Redaktion.*

Der Deutsche: Also gut, boxen wir — Du mit dem Boxer-Handschuh und ich mit der „Gepanzerten Faust", — die Huuscht besser'   (L. Bl.)

Das Auftauchen der Boxer.

Reicher Mandarin: Blume des Westens, glaube nicht, dass wir alles Fremdländische hassen und bedrohen. Nur die zwei bissigen Schutzmächte da schaffe weg; sie schauen ganz danach aus, mir Fetzen vom Leibe reissen zu wollen!

Die Blume des Westens: Oh, so lange Du freiwillig von dem Deinen hergiebst, thun Dir die Schutzmächte nichts — sie sind darauf von mir abgerichtet....

(Wiener Caricaturen.)

Wie der Vicekönig den Aufstand der Boxer unterdrückt.

Liefern Sie mir die Waffen aus! Wenn die Europäer wieder fort sind, werde ich sie Ihnen wiedergeben.

(Charivari.—Paris.)

„Zopf ab"

Mandarin: Die chinesische Kultur ist die älteste .. sie reicht 2000 Jahre vor Christus zurück .... Armer Kerl, Du hast dran glauben müssen.
(La Luna. — Turin.)

In eigener Schlinge. Die Kaiserin Tsu-Si (bereits völlig in der Gewalt der Boxer): Boxer, ich verbiete euch! (Lust. Bl.)

Chinesische Auffassung.

Aus den Gesprächen Confusius des Jüngeren

„Die Welt ist ein verworren Ding."
So sprach der Weise Tsching-
    Tschang-Tsching.
„Wieso? Der Antwort harr' ich bang."
So sprach sein Schüler Tschang-
    Tsching-Tschang.
Und Tsching-Tschang-Tsching legt
    nickend stumm
Auf seine Pfeife Opium,
Nimmt noch ein dünnes Schälch'n Thee
Aus gelber Hand der Li-Li-Tsé,
Dann räuspert er sich laut und lang
Und spricht dies Wort zu Tschang-
    Tsching-Tschang:
„Nicht jede Blume kommt zum Blühn,
Nicht jeder Narr wird Mandarin.
Ganz andre Wesen, wie ich seh',
Sind Tschang-Tsching-Tschang und
    Li-Li-Tsé.
Du schenkst den Thee in Schälchen nie
Mit solcher Grazie, so wie sie;
Du kannst, so will's Gesetz auf Erden,
Nur Vater, niemals Mutter werden,
Wenn Du auch noch so herzlich liebst
Und Dir zum Nachwuchs Mühe giebst.
Ein Mops wird nie ein Colibri,
Ein Esel lernt das Krähen nie,
Das Klettern lernt kein Vogel Strauss,
Kein Nilpferd brütet Eier aus.
Was will der blasse Teufel nur
Bei uns in China mit Kultur?"

          *

Ein andermal ward Tschang-Tsching-
    Tschang,
Dem Schüler, ach, die Zeit so lang,
Dass er sich eine Mücke fing.
Das sah der weise Tsching-Tschang
    Tsching,
Sprach lächelnd drauf zu Tschang-
    Tsching-Tschang:
„Gesegnet sei Dein Mückenfang!
Nun reiss dem Thier, folg' meinem Rath,
Ein Bein aus." — Was der Schüler that.
„Nun noch ein Bein, nur zugefasst!
Noch eines, bis Du sechse hast.
Nun noch ein Bein, Du träger Wicht!"

Der Schüler sprach: „Mehr hat sie nicht."
Da sprach der weise Tsching-Tschang-
    Tsching:
„Die Flügel achte nicht gering.
Reiss' ihr die Flügel aus, mein Sohn!"
Und Tschang-Tsching-Tschang voll-
    bracht' es schon.
„Nun siehst Du, liegt sie stumm und still.
Doch lebt noch. Wer behaupten will,
Du hättest sie gemordet — nein,
Sie könnte noch viel todter sein.
Und will nicht krabbeln mehr das Thier
Und fliegen — ei, so liegt's an ihr.
Du nahmst ihr Flügel nur und Bein,
Damit's ihr ja nicht falle ein,
Zu segeln summend wahnbethört
Durch diese Luft, die Dir gehört,
Obgleich Du mit dem dicken Wanst
Und flügellos nicht fliegen kannst...
Und siehst Du wo 'nen Missionar,
Weiss, ohne Zopf und im Talar,
So wisse, guter Tschang-Tsching-
    Tschang,
Der Mann geht auf den Mücken-
    fang."

          *

Es dacht der Weise Tsching-Tsching-
    Tsching
Von Politik nur sehr gering.
Er sprach zum Schüler Tschang-
    Tsching-Tschang:
„Ich hasste sie mein Lebenlang.
Und ob man „boxt" nun oder sticht,
Ob schiesst, ob schlägt — man
    ändert's nicht.
„Wieso?" Der Weise lacht verschmitzt:
„Wer immer auf dem Throne sitzt,
Glaub': der geschunden und besiegt
Um Gnade flehend unten liegt,
Der hat am Ende doch erkannt:
Der ganze Preis — ein Consonant!"
„Wie das?" — „Nun zieht der Russe ein;
Wir werden bald schon „friedlich" sein,
Dann treibt man uns den Mandschu
    aus,
Damit der Kantschu Herr im Haus!"
                      Dr. R. P.

Metamorphose.

Die Politik der „Offnen Thür"
Wer traut der Tücke solchen Drachens?

Genau besehen, kommt mir für.

Wird's Peking — des „offenen Rachens."

(L. Bl.)

Diese „Boxer" werden das Gesicht China's wohl gründlich verändern.

(St. Louis Republik.)

Das Auftauchen der Boxer.

Im Kriegshafen.

„Sputen Sie sich, Herr Admiral, und zeichnen Sie sich recht schnell aus in China, die Gratulationstelegramme sind bereits concipirt."
(Humor. Blätter.)

In der chinesischen Abtheilung der Pariser Weltausstellung.
„Sagen Sie mal, Baron, halten Sie es nicht für ein wenig unvorsichtig hier zu frühstücken?"
(Cri de Paris.)

„Zopf ab"

Chinesischer Oberst: Ach, da bist Du ja, alter Freund; wie lange haben wir uns nicht gesehen!

— — — — — — — — — — —!!
(Le Journal. — Paris.)

Der Dame wird etwas unwohl.
(Mucha.)

Das Auftauchen der Boxer.

Der friedliche Kaufmann: Da haben die Missionäre nun so lange in dem Ameisenhaufen herumgestöckert, bis wir die ganze Brut auf dem Halse haben.

Letzte Nachricht aus China.

Im Ministerium des Auswärtigen ist folgende amtliche Depesche aus Shanghai eingetroffen:

„Obschon jedenfalls — nichtsdestoweniger — da uns indem — im hohen Grade bedenklich — indessen freilich — sehr verzweifelt — noch immer glückliche Lösung möglich!"

Der chinesische Pagode hat sich furchtbar verändert!

Früher hat er mit seinem Kopf gewackelt,   Jetzt wackelt er mit anderer Leute Kopf! (L B!.)

„Zopf ab"

Der schlafende chinesische Drache speit aus dem gähnend geöffneten Rachen vieltausend Chinesen heraus.

(Much)

Börse in Peking.

Chinesenköpfe . . . . stark fallend.
Bahnen . . . . . ohne Verkehr.
Missionen . . . . . . unbeliebt.
Kaiserliche u. vicekönigliche
    Vorwände . . . . . sehr gesucht.
Pekinger Europäer . . . . sehr verlangt;
    von potenter Seite werden Angebote zu
    den höchsten Preisen gemacht; aber es
    sind keine Abgeber am Markt.

Das Auftauchen der Boxer.

Einigkeit.
Einig seid ihr über China, Mächte:
Da ist keine, die nicht China möchte.

In der chinesischen Opiumkammer.

— Raucht nur, edle Freunde, raucht nur, wenn Ihr etliche Züge gethan, werdet Ihr glauben, im Himmel zu sein.

— So, Ihr Teufel, der Himmel, den ich Euch in Aussicht stellte, ist Euch nun beschieden. (Humoristische Blätter.)

Aufhellung Chinas.

„Theilen wollen sie" sagte man einst empört von den Rothen!
Was im chinesischen Reich wollen die Mächte denn heut'?! —

(Der Scherer—Innsbruck.)

Das Auftauchen der Boxer.

„Und die Waffen, die ich Dir verkauft habe?"
„Sind ausgezeichnet, das wirst Du sofort erfahren!"

(Blanco y Negro. — Madrid.)

Bulletin aus China

Jetzt stehen — die Grossmächte am Berg. (Der Floh.)

Weltübersicht vom vergangenen Quartal.

Kikeriki: Was doch in diesem Asien für kuriose Sachen auf den Sesseln herumkugeln!
(Kikeriki.)

Das Auftauchen der Boxer.

„Tod allen Fremden!" Diese Proklamation dürfte auch China's Tod proklamieren. (New-York Tribune.)

Dreistimmig.

Der Chinese sagt:
Erst haben die Christen gewühlt und gewühlt,
Man hat mit dem Glück von Familien gespielt,
Die Gräber der Todten hat man geschändet,
Da hat es natürlich blutig geendet.

Der Europäer sagt:
Erst haben die Bonzen das Volk verhetzt,
Dann hat der Boxer die Messer gewetzt,
Geplündert hat man die frommen Missionen,
Da endigt's natürlich mit Kanonen.

Der Philosoph sagt:
Die Greuel liegen auf beiden Seiten.
Verdient ist, was sie sich selber bereiten,
Vertheilt ist die Schuld an Mord und Krieg,
Das erste Wort sprach die Politik;
Sie ist der spiritus rector gewesen,
Sie trieb die Christen zu den Chinesen,
Sie treibt die Chinesen zum Christenmord,
Und sie spricht dereinst auch das letzte Wort.
Das Christenthum aber, Ihr Boxer und Pfaffen,
Das hat mit alledem garnichts zu schaffen.

(Lustige Blätter.)

Aegir an Buddah.

Sei willkommen, alter Junge!
Bin erfreut dich hier zu sehn.
Hei, wie wollen wir im Schwunge
Uns mit muntern Nixen drehn!
Bald werden sie nahn.
Die purzelbaumschlagend dem Otter
   vergleichbar,
Im Cancan selbst keiner Französin
   erreichbar,
Animiren, charmiren,
Die wogenden Töchter der schim-
   mernden Ran.

Schweigst du? Ja, du bist gegangen.
Tausend Meilen ohne Rast;
Nicht nach Tanz trägst du Verlangen.
Eh' du nicht getrunken hast.
Getränke heran!
Mit dampfendem Grogke gefüllt ist
   des Stieres
Weittragendes Horn, du ergreif und
   probir' es!
Und die Neige, sie zeige
Den Gast aus dem Osten als trink-
   festen Mann

Was, Potz Blitz! Nicht einmal zechen
Magst du! Nun erkenn ich klar,
Was von dir die Leute sprechen
Und der drohenden Gefahr.
Der Schleier zerreisst!
Du bist als des Minnens und Trinkens
   Verneinung
Gewiss eine höchst int're-sante Er-
   scheinung,
Doch im Grunde ein Kunde
Von harmlosem, nüchternem, trocke-
   nem Geist.

(Kladderadatsch.)

Der Gesandte von China fleht die Gnade des Mr. Delcassé an; dieser hat ihn zur Strafe für die Missethaten seiner Landsleute dazu verdammt, täglich mit der elektrischen Bahn zu fahren.

(Anspielung auf die vielen Unglücksfälle.)

(Monde Illustré. — Paris.)

Chinesische Gräuel.

Diese schützenden Hände

haben aber merkwürdig lange Finger!

(Kikeriki.)

„China muss aus der Reihe der civilisirten Nationen gestrichen werden!"
„...Ja aber mein China-Wein doch nicht!"

„Das ist doch natürlich, dass die Berichte aus China nicht rosig lauten können!??"
„Na ja, sie sind ja mit chinesischer Tusche geschrieben."

Was mich bei all dem tröstet ist, dass der Preuss da drüben europäische Kultur verbreiten wird.

(Fischietto-Turin.)

Ernte in China!

Prinz Tuan.

Das ist der Prinz Tuan von China,
Ein äusserst schneidiger Mann,
Der packt das Regieren des Volkes
Ganz fürchterlich praktisch an.

Wer ihm den Gehorsam verweigert,
Zerschmettert wird er sogleich.
Sein Wille allein soll gelten
Im ganzen „himmlischen Reich".

Wer sich als ein „fremder Teufel"
Nicht schmückt mit Chinas Zopf,
Und wär' er vom ältesten Adel,
Dem haut er ab den Kopf.

Er sperrt seinen eigenen Kaiser
Mit sammt seiner Ahnfrau ein,
Er spottet der Mandarinen,
Denn herrschen will er allein.

Wie schade, dass Der in China
Und nicht in Europa tritt auf,
Es machte ihn sonst unsterblich
Ein Heldendrama von Lauff.

(Der wahre Jacob.)

Chinesische Gräuel.

Im Sensationsnachrichten-Bureau.

A.: Ich denke, alle Europäer in China sind ermordet und jetzt stehen sie schon wieder vor Peking?

B.: Nun ja: die Todten reiten schnell.

Wie man die Fremden empfängt:

In Paris.

In Südafrika.

In China.

Und das Alles nur deshalb, weil man vergessen hat, die Kaiserin von China zur Weltausstellung einzuladen! (Journal amusant.)

"Zopf ab"

Die Flugtechnik im Kriege.

Die internationalen Flug-
techniker: So einfach wie nur was.
Man lässt den chinesischen Drachen
zuerst steigen, lenkt ihn wie man
will und bringt ihn leicht zu Fall!
(Hum, Dl.)

Europa: Ich glaube, ich muss
Dir schon die guten Manieren beibringen, so wie ich die bereits den
anderen Herren hier beigebracht
habe. (Moonshine — London.)

Chinesische Gräuel.

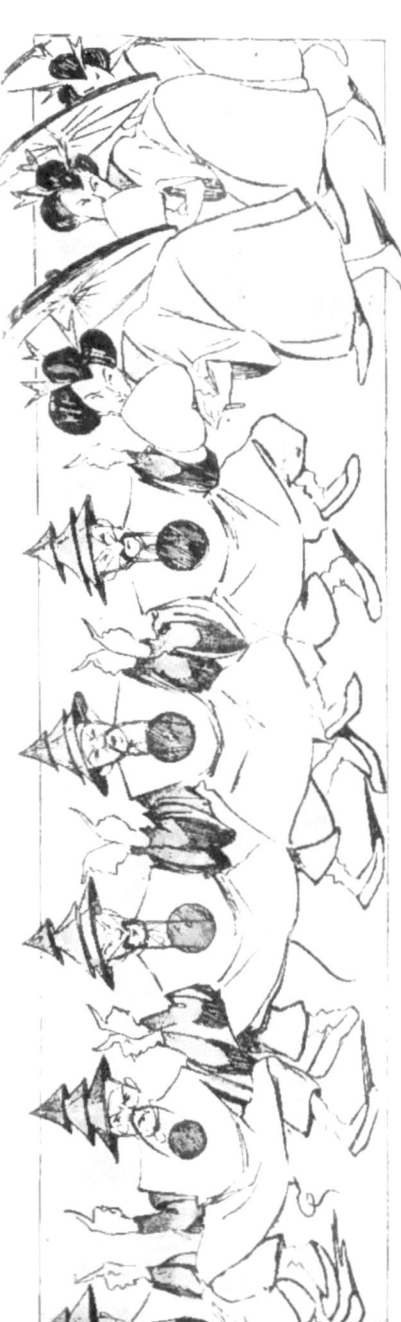

Die gelbe Gefahr.

Ein Fiasco auf dem Kriegstheater.

(Fischietto.)

„Zopf ab"

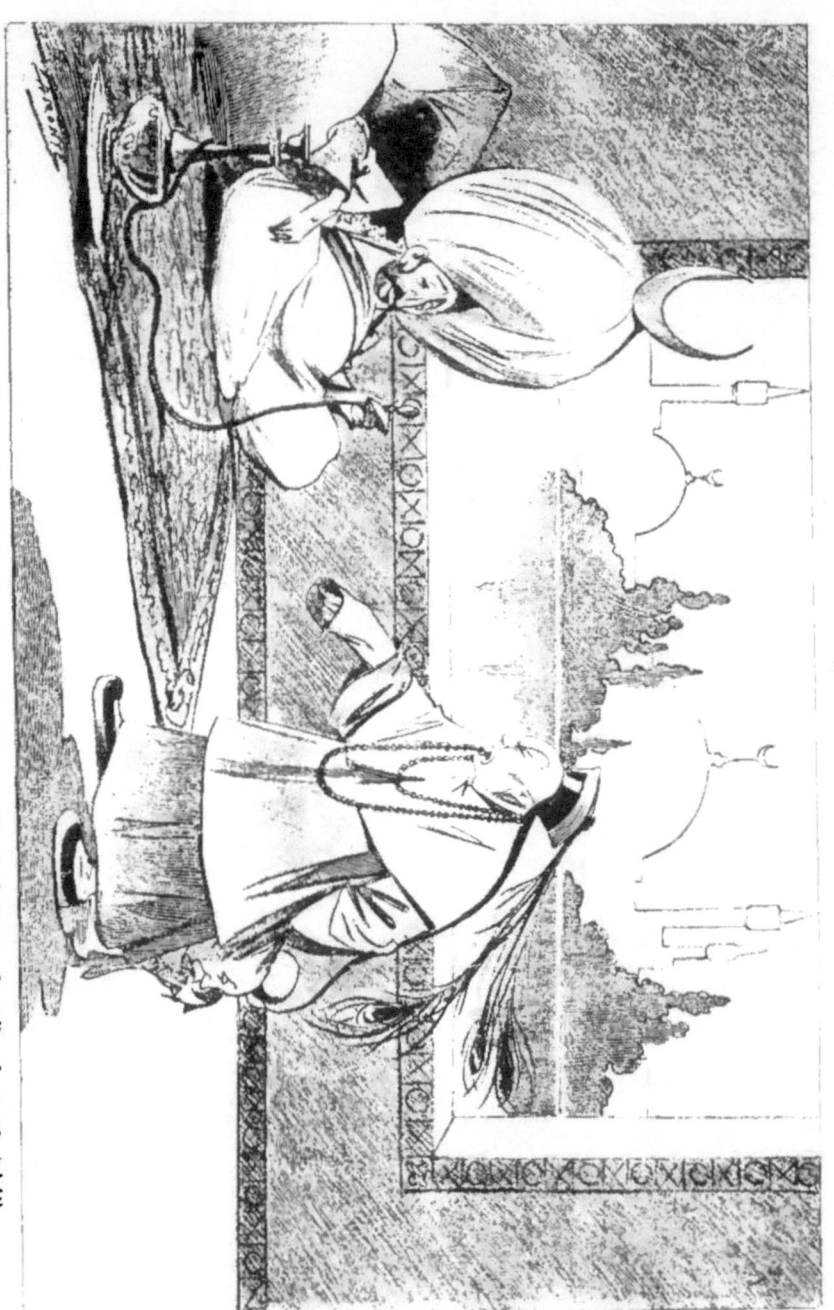

Die lange Bank.

„Ich verstehe nicht, wie Europa sich so sehr viel gerade mit mir befasst, wo Du doch genau dasselbe thust wie ich!"
— „Ja, mein Lieber, Du bist zu stürmisch! Auch meine Moral ist, Gräuelthaten zu vollführen, aber langsam, immer langsam!"" (lächelt).

Taku-Liedchen.

Tsing Tsang! wenn die fremden Teufel
Hier auf unserm Boden landen,
Ping Pang! und die festen Wälle
Mit Kanonen überwanden,
Ting Tung! denk' ich in der Seele,
Grosser Fo, 's ist nichts zu machen,
Ohne Zweifel sind die Teufel
Stärker, und wir sind die Schwachen.

Pung Ping! aber eine Rache
Bleibt zum Glücke den Chinesen,
Lung Ling! ach, wie sind die Teufel
Mit dem Gelde dumm gewesen,
Tung Tang! da sie uns es pumpten,
Uns versahn mit reichen Mitteln
Und im Austausch sich begnügten
Mit papiernen Rententiteln.

Ying Yeng! seht doch, wie sie purzeln
Diese 4- und 5-Prozent'gen,
Wie sie Tag auf Tag verwüstet
Eine Baisse, nicht zu bänd'gen!
Tsang Tsing! hier in Taku steigen
Sie empor auf Ruhmessprossen,
Doch an der Berliner Börse
Liegen alle wie erschossen!
A. Moszkowski.

Aber jetzt!

Jetzt kommt das Ende mit Schrecken! (Cri de Paris.)

Der chinesische Kuchen.

Sie schnitten lustig drauf los
Und dachten, jeder könne vom Kuchen
Ein Stück sich nehmen, tellergross
Und brauchte nicht lang zu versuchen:
Ja Kuchen!
Nun steht die schön blamirte Truppe
Vor einer breiten — Metzelsuppe!

(Der Wahre Jacob — Stuttgart)

Die drei Unzertrennlichen.

Der Profitmacher: Ich rieche Blut, Gevatter! (Wahre Jacob.)

In den Schatten gestellt — von China, welch eine Schande!
(Cri de Paris.)

Aus chinesischen Dichtern.
(Episches und Lyrisches wörtlich übersetzt.)

Erste Serie.
Der Kormoran.
Nach Su-tong-po.

Einsam und unbeweglich steht der Kormoran am Ufer des herbstlichen Flusses und sinnt, während sein rundes Auge dem Gleiten des Wassers folgt.

Und auf dem Wasser treibt der Körper eines erschlagenen Missionars mit der Welle, die ihn leise dahinschaukelt von Westen nach Osten.

Und andere Körper erschlagener Missionare folgen ihm wie die Kelche entwurzelter Lotosblumen; und es sind ihrer so viele wie Tage im Jahre.

Der Kormoran aber, der ein weiser Vogel ist, betrachtet die Körper im Gleiten und sinnt und überlegt: wie viel wird das wohl kosten?

Der Kormoran, der ein erfahrener Vogel ist, weiss, dass es Leute giebt, die behaupten, es würde das ganze Reich kosten, und China würde aufgetheilt werden zur Sühne für die Körper, welche mit der schaukelnden Welle hinabtreiben.

Da denkt sich der Kormoran, der ein schlauer Vogel ist: es wird wohl billiger werden, und die weissen Männer werden mit sich handeln lassen.

Und sie werden nehmen für jeden erschlagenen Missionar fünfzigtausend Taels Entschädigung, was zusammen ein paar Millionen Taels ausmacht.

Gern bezahlen die Mandarinen diese Summe, indem sie in Europa eine neue Anleihe aufnehmen.

So denkt der Kormoran, der mit einem Fuss im Wasser steht und ein hochintelligenter Vogel ist.

*

Der Seher auf dem Berge.

Nach Tse-tje.

Die Sonne hat die Heide durchzogen, von Osten kommend; jetzt gleitet sie hinter das grosse Gebirge im Westen.

Ich stehe auf einer Anhöhe und betrachte das klare Firmament, auf dem sich zwei Wolken abzeichnen.

Und die Wolke zur Rechten hat die Form eines Menschen. Sie sieht aus wie der grosse Gouverneur von Tschili, sie gleicht dem Li-Hung-Tschang wie ein Storch-Ei dem andern.

Aber die Wolke zur Linken sieht aus wie die Karte Europas. Und an der Seite hat sie eine Erhöhung in Gestalt eines riesengrossen Ohres. Dieses Ohr erinnert in den Umrissen an das Gehörorgan eines Maulesels.

Da entsteht eine Bewegung in den Wolken, wie wenn die Nebel auf- und abfluthen im Thale des Yauksekiang.

Und ich gewahre, wie die Wolke zur Rechten die dämmernde Hand erhebt und die Wolke zur Linken über das Ohr haut.

Von der Anhöhe steige ich herab und überdenke die himmlische Erscheinung, und ich singe den ewigen Göttern einen Dankespsalm in der Ursprache der La-otse.

*

Die Geliebte an den Geliebten.

Nach Li-tai-ze (812 unserer Zeitrechnung).

Gern lausche ich Deinen Worten, o Geliebter, in der Nähe des Wassers, denn Du redest schön, süss und gut.

Ich stand bei Dir auf dem Schiffe, als Du zu mir sprachst, und Deine Worte flossen wie Balsam in mein muschelförmig gewölbtes Ohr.

Erlaubst Du mir, Dir ein zartes Geständniss zu machen, mein Angebeteter? Auch der Balsam hat seine Grenze, und Du redest zu viel, o Geliebter.

Und ein Anderer will auch einmal zu Worte kommen, auf dass die balsamische Luft rings umher nicht nur angefüllt sei mit den Worten des Einen.

A. M.

Chinesische Gräuel. 31

Eine neue Auflage der bekannten Zeichnung Kaiser Wilhelms II.

Confuzius: Völker Asiens, vertheidigt eure heiligsten Güter! (Weekblad voor Nederland.)

„Zopf ab"

Die chinesischen Wirren in Schüttelreimen

Es hupften die Boxertummels bester
Einst auf Confutses Himmelstester.

Doch als sie gar nicht milder wurden,
Die Bauer immer wilder murren.

Da kamen an die weissen Horden,
Obschon sie's nicht geheissen worden.

Und so sehr sie die Fremden hassen,
Dass sie sie sammt den Hemden frassen.

Sie brachten ausser Pferden, Waffen
Auch mit noch ihre werthen Pfaffen.

Sie glaubten in ihren Schelmenherzen,
Man könnte mit preuss'schen Helmen scherzen.

Die wollten Alle zu Christen machen,
Confutses Tempel mussten krachen.

Nun wird man sie mit Hacken fahren,
Bis sie wissen von zu Zopf zu zahlen.

(Jugend.)

Erwachen Gulliver's des Zopfigen.

(Borsszem Jankó, — Budapest.)

Audiatur et altera pars!

Ja, die Chinesen! Ihr möchtet sie
Als Wilde, als Kannibalen,
Als Volk von lauter Beelzebubs
An alle Wände malen.

Was machen diese verdammten Kerls
Für unerhörte Sreiche!
Sie achten kein Gesandtenrecht,
Keine europäischen Bräuche.

Sie schlagen alle Fremden todt,
Besonders die Missionäre,
Sie thun, als ob das Christenthum
Etwas Unerlaubtes wäre.

Und das empört Euch ungemein,
Ihr fordert Sühne und Rache,
Ein Strafgericht mit Säbelgeklirr
Und mit Kanonengekrache.

Nur dreingeschossen und dreingehau'n!
Nur keine humanen Schwächen!
Man muss mit diesen Barbaren einmal
Civilisatorisch sprechen.

Ihr seid entrüstet, Ihr schreit nach Blut —
Doch möchte ich höflichst bitten,
Sagt mir, was Euch so wüthend macht,
Ihr edlen Kosmopoliten.

Habt Ihr nicht kürzlich erst gehört,
Ganz ohne Euch zu erbosen,
Wie in Paris der Feldruf klang:
Frankreich für die Franzosen!?

Ihr guten Christen habt das sogar
Voll Sympathie gelesen —
Warum entrüstet Euch nun der Ruf:
China für die Chinesen!?

Hat der Chinese nicht auch das Recht,
An den heimathlichen Altären
Der Zugereisten, der Fremdlinge
Sich mannhaft zu erwehren?

Rief eure Schiffe der gelbe Mann,
Zu ankern an seinen Gestaden?
Hat er die christliche Kultur
Zu einem Debut geladen?

Ihr drängt ihm euren Glauben auf,
Nach dem es ihn nie verlangte,
Ihr bringt ihm Neuerungen in's Land,
Nach dem es ihm niema's bangte.

Ihr stellt ihm Telegraphen hin,
Ihr bauet ihm Eisenbahnen —
Er aber hängt an dem alten Zopf,
Dem heiligen Zopf der Ahnen.

Er ist chinesisch-national,
Fest hält er, wie kein Zweiter,
An vaterländischer Zucht und Art,
Er ist ein Freiheitsstreiter.

Ja wohl, meine Herren, so steht der Fall!
Nichts schätzt Ihr sonst doch höher,
Als solch einen tapfern Freiheitskrieg,
Ihr weissen Europäer.

Doch will der gelbe Mongolensohn
Seine Unabhängigkeit wahren,
Dann kläfft die Civilisation:
Tod über die Barbaren!

(Die Waage. — Wien.)

Die Kaiserin: Heiliger Con-fu-tse, China ist fu-tschi-ka-to! Nichts wird von dem grossen himmlischen Reiche übrig bleiben!

Der Kanzler: Beruhigt Euch Majestät, ich habe die bestimmte Zusicherung erhalten, dass man uns eine Kohlenstation lässt.

(Lustige Blätter.)

Brief eines Boxers.

Erzogen in der Furcht vor meinen Göttern und vor der internationalen Gendarmerie,

Wuchs ich auf in der ständigen Furcht vor der weissen Gefahr, der „Kultur".

Ich verlobte mich mit einer hübschen, mandeläugigen Chinesin, sie wohnte bei ihren Eltern.

In einem feinen Porzellantburm.

Da, eines Abends, überraschte ich einen Missionar dabei, wie er ihr die „Bibel" überreichte.

Dabei sagte er: Die Königin Viktoria ist viel schöner und mächtiger und tugendhafter als die Kaiserin von China.

Schliesslich wagte er es sogar, meiner Braut vorzuschlagen, in die Heilsarmee einzutreten. Da konnte ich nicht mehr an mich halten und boxte den Missionar hinaus. Und deshalb marschieren die internationalen Truppen jetzt auf Peking los. (Illustration. — Par's.)

Unsere Draufgänger in Ostasien.
(Die deutschen Kanonenboote Tiger, Jaguar und Luchs.)

An die Boxer: Weh' euch, wenn die losgelassen!
(Lustige Blätter.)

Offiziell giebt's keinen Krieg.

Demgemäss haben die Mächte den Chinesen den „Frieden" erklärt und müssen nun natürlich auch „Friedensschiffe" nach dem chinesischen „Friedensschauplatz" schicken. Die „Friedensgeschichte" wird dereinst rühmend hervorzuheben haben, wie trefflich der deutsche „Friedensminister" für die „Friedensbereitschaft" der Flotte gesorgt hat, und der „Friedensplan" wird noch unsere Enkel lehren, wie enorm die „Friedensleistungen" schon in unsern Tagen gewesen sind. Wir selbst müssen staunen über den Stand der „Friedenswissenschaften", der das ganze frühere „Friedensrecht" über den Haufen wirft und nach neuen „Friedensregeln" wahrhaft moderne Begriffe wie „Friedensakademie", „Friedenskontributionen" und „Friedensgefangene" neu schafft. Man darf darauf gespannt sein, wie sich in diesem chinesischen „Frieden" die neuesten „Friedenswaffen" und die „Friedenschirurgie" bewähren werden, und wie sich — die „Friedenskosten" stellen dürften; denn auch nach den letzteren wird sich ja die sogenannte Unerträglichkeit des „Friedenszustandes" richten.

Der Rückschlag.

Chamberlain: Aber warum theilen?! (Chronique amusante.)

Die europäischen Feuerwehren.

Der heilige Florian: Im Namen der Humanität, greift doch zu; wollt Ihr denn warten, bis das ganze Haus mit Mann und Maus niedergebrannt sein wird?

Die Feuerwehrmänner: Ja, wir sind eben noch nicht einig darüber, wer der Hauptmann und wer Zeugwart sein soll.

(Der Floh.)

„Zopf ab"

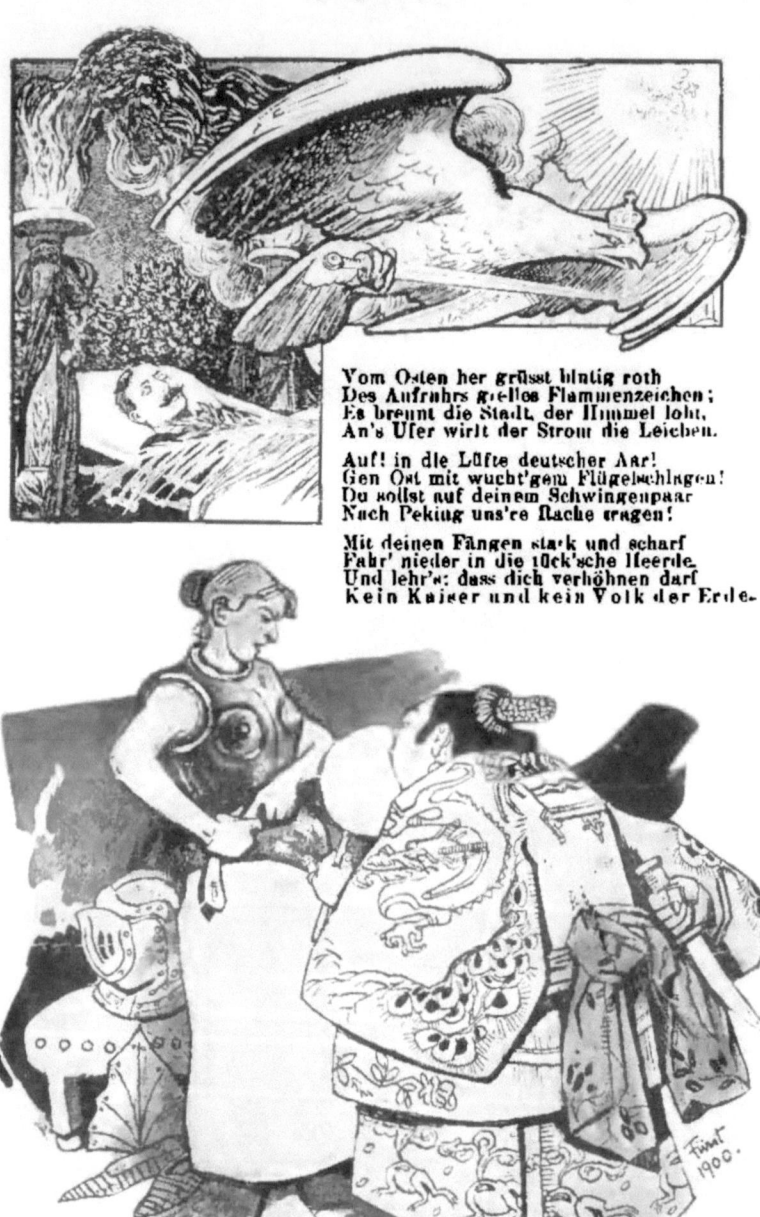

Vom Osten her grüsst blutig roth
Des Aufruhrs grelles Flammenzeichen;
Es brennt die Stadt, der Himmel loht,
An's Ufer wirft der Strom die Leichen.

Auf! in die Lüfte deutscher Aar!
Gen Ost mit wucht'gem Flügelschlagen!
Du sollst auf deinem Schwingenpaar
Nach Peking uns're Rache tragen!

Mit deinen Fängen stark und scharf
Fahr' nieder in die tück'sche Heerde,
Und lehr's: dass dich verhöhnen darf
Kein Kaiser und kein Volk der Erde.

Das unschuldige Lamm.

Die Kaiserin-Wittwe: Aber, liebe Germania, warum panzerst Du Dich denn schon wieder? Du glaubst doch nicht, dass ich Dir etwas anthun will!

(L. st.

Der Rückschlag.

Die 25 Oesterreicher in China.
(Lust. Bl.)

Kikeriki: Ja, ja, Austria erit in orbe ultima! (Oesterreich wird das letzte sein auf dem Erdkreis.)
(Kikeriki.)

„Zopf ab"

Der alte kranke Mann: Beruhigen Sie sich! Die thun Ihnen nichts. Ich liege nun schon so manches Jahr hier und befinde mich sehr wohl dabei, denn die Doktoren werden doch nie einig. (Kielderausch).

Die „Einigkeit" der Mächte.

[Die Jacke voll.

Schi-ti-uti der Dreckfink in
Thränen zerfliesst:
„Wer hätte gedacht, dass der
Stoff so schnell
schiesst!"

Schi-ti-uti, es giebt was, pass'
auf nur, du Biest:
Du wirst noch gerädert,
geköpft und
gespiesst!

Die gelbe Gefahr und der gelbe Neid. (Die Zwietracht der Mächte.)

„Völker Europas, bewahrt gegenseitiges Misstrauen als das heiligste Eurer Güter!"
(Lustige Blätter.)

„Zopf ab"

Russe: Nun lasst mich mal machen, ihr anderen; eingeseift habt ihr ja den Chinesen, aber rasiren werde ich! (Lustige Blätter.)

Die chinesische Frage ist eine Frage, die noch einen Rattenschwanz Fragen nach sich zieht. (Campana de Gracia. — Barcelona.)

Die „Einigkeit" der Mächte.

43

Immer langsam voran, immer langsam voran, dass Europa's Landwehr nachkommen kann.
(Charivari.)

Gleich geht die Reise an, nach: Taku, Schanghai, Schantung, Paotingfu-Tientsin, Hankow, Peking — vielleicht auch retour! Einsteigen, meine Herrschaften! Versäumen Sie nicht die gute Gelegenheit.
(Der Floh.)

„Zopf ab"

Trau? schau? wem!

Chamberlain: „Lieber Bülow, ich bin leider verhindert, die erste Violine zu spielen — möchtest Du nicht mein Solo übernehmen?" (Jugend.)

Die gelbe Sintflut.

Ist es denn die Möglichkeit? Wenn die Wasser sich verlauf. u. —
Seht nur die Verträglichkeit! Früher nicht, — beginnt das Raufen!

(Lustige Blätter.)

Die „Einigkeit" der Mächte.

Der Platz in der Sonne.

Japaner: Der Platz ist ein bischen heiss, nicht wahr, Excellenz? Vielleicht Regenschirm gefällig? (Kladderadatsch.)

Kleiner Katechismus.

Was heisst:
Pardon wird nicht gegeben!
Das heisst:
Wir sind prinzipiell gegen alle Fremdwörter!
Was heisst:
Die Lösung in der Oberbefehlsfrage ist da!
Das heisst:
Jeder für sich, Gott für alle!

Was heisst:
Zum Kriegführen gehört Geld, Geld und nochmals Geld?
Das heisst:
Der Reichstag braucht dazu nicht erst einberufen zu werden!
Was heisst:
Die Chinesen sind ein uraltes Kulturvolk!
Das heisst:
Sie lügen und morden bereits seit Tausenden von Jahren!

Der Brand im fernen Osten.

Das „Retten" beginnt. (Kladderadatsch.)

Die internationale Küche.

Gleichviel, ob der Deutsche den Herrn Chinesen zu der traditionellen Wurst verarbeitet, der Engländer ein Beafsteak aus ihm macht, oder der Russe ihn à la tartare kocht, immer — wird es ihn sicher heiss und kalt überlaufen. (Fischietto.)

Die „Einigkeit" der Mächte.

Der Kaiser von China:
Wenn ich die Mächte nur wissen
lassen könnte, dass ich für meinen
Teil ihnen auch so gern die Hand
reichen möchte! (Le Figaro.)

Pro Patria.

Wir führen mal wieder Beschwerde,
Denn arg hat's uns verstimmt,
Dass keine deutschen Pferde
An Bord man für China nimmt.

Ihr sagt, man darf's nicht riskiren,
Sie gehn auf der Reise ein,
Doch müsste man erst probiren,
Ob's wirklich so schlimm wird sein.

Dass die Regierung versuchte,
Durch eine Probe den Streit
Zu schlichten, wär' ihre verfluchte
Pflicht nur und Schuldigkeit.

Gern hätte der deutsche Landwirth
Die nöthigen Pferde gestellt,
Denn knapper in unserm Stand wird
Tagtäglich das kleine Geld.

Und wär' auch ein Drittel in Aden
Schon todt, so könnte das kaum
Dem ganzen Transporte schaden
Die übrigen hätten mehr Raum.

Und könnte auch keins von allen
Mehr steigen an Chinas Strand,
So wären sie eben gefallen
Für's deutsche Vaterland!

(Kladderadatsch.)

Der chinesische Knochen.

Seht, so friedlich ist ihr Wandel,
Eine Seele und ein Bandel,
Artig in derselben Koppel
Geht der Teckel und der Moppel.

"Zopf ab"

So was dauert niemals lange:
Finden sie auf ihrem Gange
Einen Knochen — eins, zwei, drei
Geht sie los, die Balgerei!

Glossen.

„Gefangene werden nicht gemacht!" Dieses Wort, das den deutschen Truppen mitgegeben worden ist, kann sehr leicht buchstäblich eintreffen.

*

China ist die beliebteste Macht der Welt; alle anderen Mächte manifestiren, dass sie gerne an China — Antheil nehmen.

*

Wenn man über die Vorgänge im Gelben Meer liest, kann man die Gelbsucht kriegen.

*

Den Mächten fehlt es in China an Kavallerie; gerade deshalb können sie sich ordentlich hineinreiten.

(Hum. Bl.)

Europäischer Chor: In China mo—mor—morden sie die — die Christ—i—ten, — Schau—u—uder u—und Ent—ent—setz—tzen . . . . (Inzwischen gehen die Christen zu Grunde.)
(Borsszem Jankó.)

Die „Einigkeit" der Mächte.

Japan als Vorkämpfer!

In China sieht's wirklich sehr merkwürdig aus! Sie treiben den Teufel durch Beelzebub aus! (Lustige Blätter.)

Eine gefährliche Rakete. (Puck.)

Es sprach der weise Confuci
Ueber die Herrschaft der Tsu-Tai:
Wenn über die Wasser des Yang-Tse-
Kiang
Die Sonne steigt von Li-Hung-Tschang,
Dann treibt man zwei Drachen wohl
aus dem Land,
Doch tausend Teufel kommen gerannt.

(Der Floh.)

Viele Köche. (Kladderadatsch.)

Li-Hung-Tschang betheiligt sich vorläufig nicht an der gemeinsamen Action.

Die „Einigkeit" der Mächte.

Unschlüssigkeit des Mikado's.

Ist Herr Delcassé am Apparat?
Jawohl!
Hier der Mikado!

Sehr erfreut!
Sie haben eine Menge Europäer in Peking, morgen wird es vielleicht schon zu spät sein.

Ich kann sofort 10,000 Japaner nach Peking senden; — — dieselben könnten den Unglücklichen vielleicht Rettung bringen.

Wie sagten Sie?
Ich fragte nur: wissen Sie, wie Russland darüber denkt?

Dort St. Petersburg?
Sind Sie der Minister?
Ich bin der Mikado.

Sehr erfreut!
Es befinden sich eine Menge Europäer in Peking.

Wie sagten Sie? Ich verstehe nichts, mein Fräulein. — aber nein doch, ich spreche noch!
Fragen Sie in Berlin an!

Habe ich die Ehre, Se. Majestät zu sprechen?
Jawohl!
Hier ist der Mikado.

Was? Wie sagten Sie? Sie sind meiner Ansicht, vor allem die Eingeschlossenen in Peking zu retten, und doch noch soll ich erst weiter unterhandeln?

Hm. — Sie fürchten, Ihre Grossmutter vor den Kopf zu stossen? — Aber nein — — es wird zu spät werden.

"Zopf ab"

Wer dort? — Die Foreign-Office? — Ja? — Ich bin bereit! — Ich soll erst bei den Vereinigten Staaten anfragen? — Mit Vergnügen!

Dort Mac Kinley? Allerdings! Hier ist der Mikado! — — — (Leider brennen während dieser Zeit die Legationen bereits lichterloh.) (Illustration — Laifs)

Bei den internationalen Truppen.

Englischer Kapitän: Die Schlacht wäre gewonnen, und man muss gestehen, die Chinesen haben besser gekämpft, als zu erwarten war.

Englischer Offizier: Kein Wunder, Herr Kapitän; sie sind ja von englischen Instrukteuren ausgebildet worden. Vor einigen Jahren hatte ich selbst so ein Kommando, da habe ich den Chinesen gezeigt, wie sie es machen müssen.

Kapitän: Den Teufel auch! gleich der erste Schuss der Chinesen ging durch das Takelwerk unserer Korvette „Algerine".

Offizier: Die Chinesen haben eben ein gutes Gedächtniss. Als ich sie instruirte, sagte ich ihnen: „Zuerst schiesst immer gegen das Takelwerk, das macht Eindruck auf den Feind!" und nun thun sie es wirklich so.

Kapitän: Bravo, Instrukteur! — — —

Deutscher Kapitän: Woher nur dieses verdammte gelbe Gesindel diese vorzüglichen Kanonen haben mag!

Deutscher Offizier: Darüber kann ich Auskunft geben. Mein Bruder, der Major, war vor einiger Zeit nach China zur Instruktion kommandirt worden. Auf sein Betreiben entschloss sich die chinesische Militärverwaltung, die besten Krupp- und Hotchkiss-Kanonen anzuschaffen. Denn ihm lag natürlich daran, die ihm unterstellten Truppen so wehrfähig als möglich zu machen; und wie Sie sehen, ist ihm das gelungen.

Kapitän: Allerdings; wenn Sie Ihrem Bruder schreiben, grüssen Sie ihn von mir. — — —

Russischer Kapitän: Haben doch diese vermaledeiten Bestien richtig das Pulvermagazin unseres Kanonenbootes „Giljak" getroffen; und unser Kanonenboot „Mandschur" ist auch explodirt und in die Luft geflogen!

Die „Einigkeit" der Mächte.

Russischer Offizier: So etwas habe ich mir gleich gedacht. Mein Vater war nämlich Festungs-Instrukteur bei den Chinesen; der hat ihnen die Kunst beigebracht, feindliche Pulvermagazine zu treffen. Er war überhaupt berühmt als Schiess-Instrukteur, drillte die gelben Kerle höchst erfolgreich im Zielen und bekam dafür nicht nur den Mandarinen-Rang, sondern bei seiner Rückkehr einen hohen russischen Orden.

Kapitän: Eine brillante Kraft, Ihr Herr Vater! meine Hochachtung! — — —

Französischer Kapitän: Ich hatte mir eigentlich gedacht, diese Chinesischen Truppen wären mit Dreschflegeln bewaffnet und nähmen beim ersten Schuss Reissaus. Und nun haben sie doch eine gewisse Disciplin . . . .

Französischer Offizier: Und gute Waffen und einen anerkennenswerthen Grad von Tapferkeit, sozusagen: Elan.

Kapitän: Und Fremdenhass haben sie auch; jeder Mann ein Déroulède.

Offizier: Mit einem Wort: eine Kulturnation; was sollen wir ihnen eigentlich noch für Civilisation beibringen?

Kapitän: Ja, wenn ich das wüsste!!

Im chinesischen Restaurant.

Russe (zu seinem französischen Hündchen): Komm, Ami, wenn ich mich sattgegessen habe, soll auch eine Wurstschale für Dich abfallen!

(L. Bl.)

„Zopf ab"

Die Wirkung des Opiums macht sich bemerkbar.

Die Mächte fühlen sich vom Alp bedrängt

und sehen sich bereits an der Newa herumgeführt von den Chinesen,

die sich damit vergnügen die theoretischen Lehren ihrer Lehrmeister in die Praxis zu übersetzen.
(Fischietto.)

Die „Einigkeit" der Mächte.

Der Militarismus amüsiert sich.
(Der Wahre Jacob.)

Mesalliance! (Nowoje Wremja.)

„Zopf ab"

„Wir halten fest und treu zusammen, Hipp, Hipp, Hurrah!" (Jugend)
Die Zopfträger Europa's.

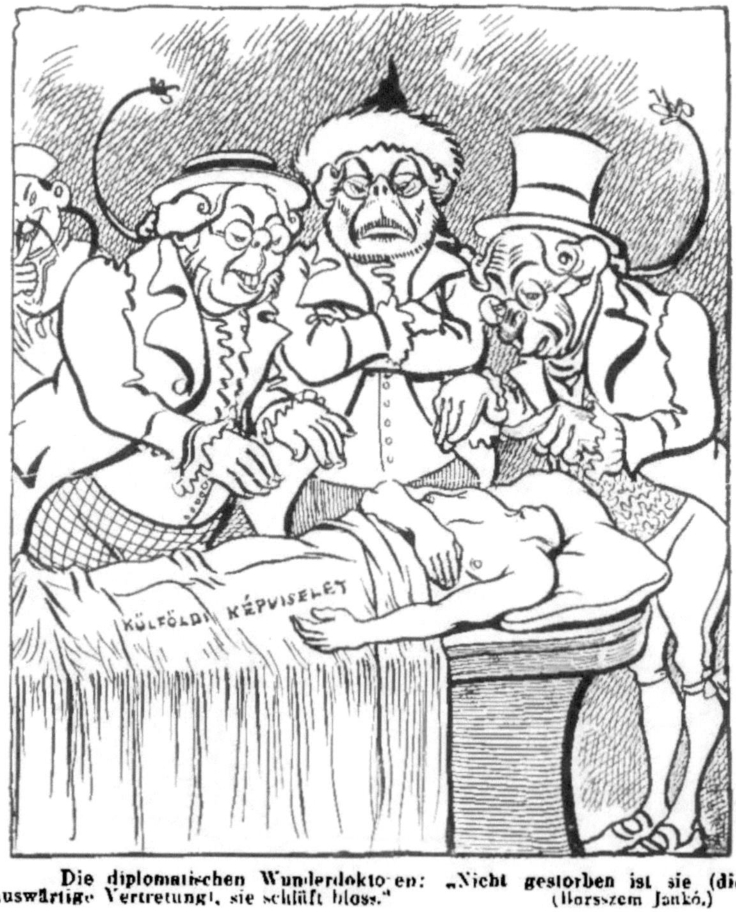

Die diplomatischen Wunderdoktoren: „Nicht gestorben ist sie (die auswärtige Vertretung), sie schläft bloss." (Borsszem Jankó.)

Die „Einigkeit" der Mächte.

Der erste Jahrestag der Friedenskonferenz. (Charivari.)

John Bull: Schlagen Sie nur immer los, guter Freund; wegen der Teilung werden wir uns schon einig werden! (Charivari.)

Neutralität.

Redet, so viel Ihr wollt, sie Alle sind eifersüchtig,
Die um China sich jetzt scheinbar einig geschaart;
Jeder lauert gespannt auf die Schwäche der Nachbarn.
Unparteiisch allein, wahrhaft neutral ist nur Krupp:
Für Chinesen, Japaner und Russen auch schafft er Kanonen,
Taels und Dollars und Francs, Rubel und Mark sackt er ein.

Im Rachen des Löwen.

„Der künftige deutsche Gesandte in China wird Herr von Mumm sein."
„„Der Name ist sicher gut gewählt: zu dem Posten gehört viel Mumm.""

Die alte Geschichte. (Puck. — New York.)

Die „Einigkeit" der Mächte. 59

Die schnelle Hilfe! (Borszem Jankó).

Schulter an Schulter. (Fischietto.)

„Zopf ab"

Die eiserne Faust.
Der Chinese:
„Aber jetzt!"

Der Erisapfel ist unter die Mächte geworfen, und Italien macht den kleinen Tambour.
(Fischietto.)

Die Grossmächte in China.

„Wir wollen China nicht bekriegen" Hört man die Diplomaten sagen;

„Macht nichts; wenn wir dabei nur siegen Und unsern Feind zu Boden schlagen!"

Die Braven vom „Iltis".

Fern über's blaue Meer
Rauschens die Wogen her
An der geliebten Heimath grünen Strand:
  Wo Deine blanke Ehr
  Wohl auch in Nöthen wär —
Magst ruhig sein, Du liebes Vaterland!

Solang in deutscher Faust
Noch eine Klinge saust,
Noch eine Büchse knallt in deutscher Hand,
  Ein deutscher Kiel durchfliegt
  Das Meer noch unbesiegt —
Magst ruhig sein, Du liebes Vaterland!

Eins mit dem deutschen Blut
Ist noch der alte Muth,
Vor dem so oft der Feind im Staub sich wand!
  Brennt auch der Wunde Gluth —
  Sterben ist süss und gut
Für Deine Ruh', Du liebes Vaterland!

(Der Scherer.—Innsbruck.)

„Zopf ab"

**Der Fuchs unter'm Galgen,
oder Li-Hung-Tschang in höchster Noth.**

Wie nun nach Urtheil und Recht gebunden Reineke dastand,
Sprach er in höchster Angst: „Sie leben! sie leben ja alle!"
Alle sind sie wohlauf, die Europäer in Peking!
So vernehmet von mir, dem Fuchs, die fröhliche Botschaft,
Und zum Danke dafür erlasst mir diesmal den Galgen!"

(Lustige Blätter.)

Ein circulirender Vice-König
oder: Ein Mann aus excentrischen Kreisen. (L. Bl.)

Ein Interview mit dem Bismarck China's.

Da die Boxer bekanntlich noch nicht in's Bockshorn gejagt wurden, ist es jetzt sehr schwer, in China mit heiler Haut davonzukommen. Noch schwieriger ist es aber, einen chinesischen Diplomaten mit weitläufigen Fragen in die Enge zu treiben, da die meisten von ihnen gegenwärtig das Weite suchen, und in ihrer Engherzigkeit jeder engeren Verbindung mit den Westen abhold sind — ausgenommen natürlich die gelben Westen, die für sie noch immer eine besondere Anziehungskraft besitzen. Doch ein Berichterstatter darf vor keiner Gefahr zurückschrecken, wenn er auch als weisser Teufel zum chinesischen gehen sollte.

Eine solche weitgehende Expedition kann nicht ohne gewisse Vorbereitungen abgehen; ich ärgerte mich vor Allem grün und gelb über den jüngsten Gesandtenmord in Peking, holte mir den althergebrachten Zopf in einem österreichischen Staatsamte und unternahm eine kleine Probefahrt nach Galizien, um mir wenigstens einen halbasiatischen Anstrich zu geben. Ausgerüstet mit einem echt chineserhaften Empfehlungsschreiben Noske's, mit einem Friedensbrief Bertha Suttner's an die Kaiserin-Wittwe, fuhr ich mit der Stadtbahn nach Pen-zing und von dort nach Ha-cking, wo mir Ingenieur Kress seinen Flugapparat, den sogenannten Drachenflieger bereitwilligst zur Verfügung stellte; die Sympathiekundgebung meiner Schwiegermutter für den chinesischen Drachen hatte ich wohlweislich mitgenommen. Einige Ausschnitte aus den liberalen Blättern Wiens sollten mir als Aufgeschnittenes dienen. Um Brennmaterial brauchte ich nicht besorgt zu sein, da in mir ohnehin Alles vor Entrüstung kochte.

Und so flog ich denn hinaus, noch schneller, als die Juden bei den letzten Gemeinderathswahlen, über Vöslau, wo gerade Bussgebete anlässlich der neuesten Ehrung Dr. Lueger's verrichtet wurden, über Bosnien, wo man den Segen der Kallay'schen Regierung aus der Luft greifen konnte, und meine Maschine folgte dem Steuer so willig, wie wenn sie der Goluchowski und und ich der Doczi gewesen wäre. So ging es im raschen Fluge über unzählige Städte und Dörfer hinweg, bis ich endlich über dem Reiche der Mitte schwebte, wo gegenwärtig so verkehrte Ansichten über den Fremdenverkehr herrschen. Vor der grossen Mauer landete ich und sah mit Schrecken einen weissen Teufel, der an ihre Wand gemalt war. Dieser Anblick entsetzte mich derartig, dass ich jedes Bewusstsein meiner Rassenangehörigkeit verlor und ohne weiters einer Boxerbande in die Hände fiel, die mich dank der Empfehlungsschreiben Noske's als einen echten Stammverwandten begrüsste. Ihr Führer Hau-ihn-zsamm stellte mir seinen Palankin zur Verfügung und in Begleitung des Untermandarins Drah-ihms-gnack-o reiste ich unbehelligt nach der Stätte, wo der Bismark China's, der berühmte Li-Hung-Tschang hauste.

Als ich ihn traf, war es finster um uns, da gerade vielen Europäern das Lebenslicht ausgeblasen wurde; doch dies war nur eine Sinnestäuschung, denn beim Scheine des Lichtes, das mir plötzlich aufging, sah ich, wie der grosse Mann eifrig im Inseratentheil der „Neuen Freien Presse" nachlas und dabei bedenklich mit dem Zopfe wackelte. Meine journalistischen Instinkte wurden bei diesem Anblick rege, und während er ein Blatt umwandte, wandte ich mich an ihn mit der kurzathmigen Frage:

„Excellenz suchen vielleicht gar eine weisse Teufelin behufs ehrbarer Bekanntschaft mit nicht ausgeschlossener Ehe — sollten Sie wirklich des Alleinseins müde sein?"

„Confucius bewahre mich dafor —" chinäselte er, nicht ohne meiner nichtssagenden Persönlichkeit einen schiefen Blick zuzuwerfen. „Ich muss nur auf höchsteigenen Befehl Prinz Tuan's unsere Kaiserin-Wittwe möglichst schnell unter die Haube bringen, damit sie nicht etwa bei einem abschlägigen Bescheid den Kopf verliert. Doch wer sind Sie, wenn ich fragen darf?"

„Mein Name ist Me-ey-eri," log ich im vornehmsten Chinesisch, „bin von Beruf Journalist und Anhänger der allgemeinen Abrüstungskonferenzen, taxfreier Ritter des schwersten Hauskreuzes, führe durch meine Frau den goldenen Drachen im Felde. Mein Grossvater trieb einen ausgedehnten Handel mit Chinin und mein Vater handelte mit Chinasilber. Schwiegermütterlicherseits..."

„Es ist genug!" unterbrach er mich, bei diesem letzten Worte ungestüm auffahrend, „Ihr Chineserthum scheint vom reinsten Wasser zu sein, sagen Sie daheim in Europa, dass wir Chinesen doch bessere Menschen sind und ihre übertünchte Kultur nicht brauchen. Nur die rasche Heirath mit einem Angehörigen der weissen Rasse kann den alten Drachen beruhigen und das, was von den Gesandten noch übrig geblieben ist, retten. Sorgen Sie dafür, dass dieses Inserat, das ich Ihnen hier überreiche, in der „Neuen Freien Presse" und anderen dem Chineserthum nahestehenden Blättern Aufnahme findet, und ich wäre dann nicht abgeneigt, einige unserer Briefmarken für Heine's Kranz zu spenden..."

Der greise Altkanzler Chinas entfernte sich rasch. In der Hand blieb mir nur ein Zettel, auf dem folgendes geschrieben stand:

Eine kleine kaiserliche Witwe,
des Alleinherrschens müde, sucht nur wegen Schicksalsschlägen einen (pantoffelheldenhaften) Europäer zum Lebensgefährten. Vermittlern wird die Provision bei der chinesischen Staatskasse in Peking ausbezahlt. Discretion Nebensache. Gefällige Anträge unter „Gelber Drache" postlagernd im ersten besten Postamt, das sich bis dahin noch vorfinden sollte.

„Und wo bleibt die Mitgift?" rief ich aus, „und . . ."

(Hier endet das Schreiben unseres Berichterstatters, da er in demselben Augenblick gezwungen war, sich aus dem Staube zu machen, den eine Abtheilung reitender Boxer aufgewirbelt hatte. Anm. der Red.) (Kikeriki.)

Der chinesische Münchhausen sucht sich aus seinem Lügensumpf am eignen Zopf herauszuziehen. (Lust. Bl.)

Chinesische Telegramme,

von Peking nach Berlin; wie sie in der Chiffrirschrift lauteten und wie Herr Lü-Hai-Huan sie wörtlich übersetzte.

I. **Peking, 16. Juni.** Gestern umzingelte Prinz Tuan mit sechzehntausend Mann die Englische Botschaft, in die alle Ausländer sich geflüchtet haben. Die „weissen Teufel" sind somit von allen Lebensmitteln abgeschnitten.

Uebersetzung. Gestern Abend brachte Prinz Tuan dem englischen Botschafter einen Fackelzug. Sechzehntausend begeisterte Verehrer der europäischen Kultur nahmen jubelnd Theil daran. Alle Ausländer standen, das hübsche Schauspiel zu betrachten, auf dem Balkon der Botschaft. Nach Beendigung der glänzenden Ovation gaben die chinesischen Prinzen den Europäern ein Gastmahl.

II. **Peking, 4. Juli.** Nachdem den „weissen Teufeln" die Nahrungsmittel gänzlich ausgegangen, machte Prinz Tuan gestern mit dreissigtausend Boxern einen Sturm auf die Botschaft. Sämmtliche Europäer wurden niedergemetzelt. Die Gebäude wurden verbrannt.

Uebersetzung. Nachdem die Regierung in Erfahrung gebracht, dass mehrere Mitglieder der Legation in Folge des Festmahls, das ihnen die Stadt Peking gegeben, von leichtem Unwohlsein befallen seien, sandte sie den Prinzen Tuan mit drei hohen Mandarinen, sich nach dem Befinden der werthen Gäste Chinas zu erkundigen. Prinz Tuan hatte die Freude, sie alle wohlauf und äusserst munter anzutreffen. Abends war Feuerwerk.

Das zweite Gesicht der Kaiserin Wittwe. (Torraxa Esquella.)

Der neue Plutarch.

„Was wollen Sie denn?" antwortete Li-Hung-Tschang auf die Vorwürfe eines europäischen Diplomaten. „Wir Chinesen sind ja selbst für die Politik der offenen Thür — sehen Sie, dort hat der Zimmermann das Loch offen gelassen!" (Jugend.)

Li-Hung-Tschang der alte Fuchs. (Nowoje Wremja.)

Er bittet um Frieden.

(Lust. Bl.)

Der benachtheiligte John Bull.

Die Turnspits an der Arbeit.

John Bulls Traum.

(Kladderadatsch.)

70 „Zopf ab"

Königin Viktoria (zu der Kaiserin Witwe): Sie haben auch eine Ausländerfrage, nicht wahr? Versuchen Sie es doch einmal mit einem Josephchen.

(Amsterdamer.)

Der benachtheiligte John Bull.

Ein Blick über die chinesische Mauer.

„John Bull, mein Bull, warum so traurig? — „Schon wieder verspätet!
Gott, wie schaurig!"
(Lustige Blätter.)

Gleich, Herr, gleich!

„Warten Sie nur noch einen Augenblick, bis ich den hier beruhigt habe!"
rief John Bull, da hatte Bobs nach London telegraphirt: „Nicht einen Mann!"
(Kladderadatsch.)

„Zopf ab"

Onkel Krügers Revanche.

(Figaro.)

Wer kommt nicht in die Höh', Das ist der lederne Herr John Bull.
Wer kommt nicht in die Höh'? Der hat die Taschen gar zu voll.

Der benachtheiligte John Bull.

Meereswellen.

John Bull streckt seine zitternden Händchen nach der lieblichen Blume aus.   (Mucha-Warschau.)

Sparsamkeit im Kriege.

Admiral Bendemann: Wieviel kostet dieses Telegramm nach Kiel?
Telegraphist (Chinese): Jedes Wort 4 Yen; es sind 50 Worte, macht 200 Yen.
Admiral: Ach dann streichen Sie nur 40 Worte; so eine Kriegsdepesche braucht ja nicht so deutlich zu sein, wenn's nur billig ist.

„Zopf ab“

England (zu Japan): Ich erlaube Dir, dass Du die Festung in meinem Namen nimmst; aber hüte Dich, dafür später Bezahlung zu verlangen.
(Madrid Comico.)

In China.

Der Russe:
Mein lieber Japanese,
Ich bitt' sind S' mir nicht böse,
Was ich verlang', ist gar nicht neu,
Doch nur das Bisserl Mandschurei.

Der Japaner:
Mein lieber Russ', so greifen S' zu,
Sie sind doch in der Näh' ja;
Ich speciell begnüge mich
Bescheiden mit Korea.

Die Uebrigen.
Geeinigt scheinen Beide schon,
Die feurigen Vorwärtsstürmer;
Uns bleibt die chinesische Leibspeis' bloss:
A Schmarr'n und Regenwürmer.
(Der Floh.)

Anciennität.

In England ist man sehr betrübt, dass Russland den „ältesten Admiral" stellen durfte, der die Truppen der Verbündeten kommandirt. Man hat deshalb in heissem Bemühen in Pexpikle in der Grafschaft Sussex den einhundertsiebenjährigen Jim Brukpokle ausfindig gemacht, hat ihm ein Drahtgestell bestellt, das seinem Körper eine leidlich militärische Haltung verleiht, und ihm ein Admiralspatent kostenlos zustellen lassen. Der neue Admiral wird — zu seinem eigensten Erstaunen — in sieben Wochen Höchskommandirender in China sein, da er unzweifelhaft der älteste Admiral der verbündeten Flotte ist.

(Lustige Blätter.)

76   „Zopf ab"

„Komm!" rief der britische Löwe, „ich führe!" „Du bist ja kein Löwe!" jauchzten die Thiere.   (Kladderadatsch.)

Wie sich Frau Bertha tröstet.

Baronin Suttner sagt in ihrem neuesten Buche: "Der Krieg in Transvaal wird zu Ende gehen und sollte er andere Kriege nach sich ziehen (aus Giftsaat sprießt Gift), so werden auch diese zu Ende gehen und die Institutionen, die im Haag geschaffen worden, werden gleichzeitig weiterkeimen, bis sie sichtbar ins Leben treten, sich festsetzen und entfalten."

Der Transvaal-Krieg neigt
  sich zu Ende,
Da geht die G'schicht' in
  China los.
Frau Bertha reibt sich froh
  die Hände:
Die Sache macht sich ganz
  famos.
Wie schrecklich auch der
  Kriegsgott grolle,
So braucht danach kein Hahn
  zu kräh'n.
Was thut's? Die Haager
  Protokolle
Die werden ewig fort-
  besteh'n!

Zwar ist man dessen schon
  gewärtig,
Dass sich die Mächte jeden-
  falls,
Sobald sie mal mit China
  fertig,
Gerathen werden an den
  Hals.
Denn wirft man Giftsaat
  auf die Scholle,
Wächst Gift daraus hervor
  geschwind.
Ein Glück nur, dass die
  Protokolle
Von Haag komplet erhalten
  sind!

Wenn auch der Krieg meint
  and're Kriege
Heraufbeschwört, was liegt
  daran?
O Publikum, als Trost genüge
Dir dies, es ist kein leerer
  Wahn:
Der Krieg, der blutige,
  unheilvolle,
Muss allemal vorübergeh'n —
Jedoch die Haager Protokolle
Die werden ewig fortbesteh'n!
       (Die Jugend.)

Die neueste Hosenrolle.

Das ist die Zeit der Fehde,
Kein Friedenswerk gelingt,
Mobil wird Jeder und Jede,
Selbst Bertha von Suttner singt:

"Wär' ich ein Knab' geboren,
Ich wollte ziehn ins Feld,
Ich wollt' die Trommel rühren
Dem Kaiser um sein Geld!"   (L. Bl.)

„Zopf ab"

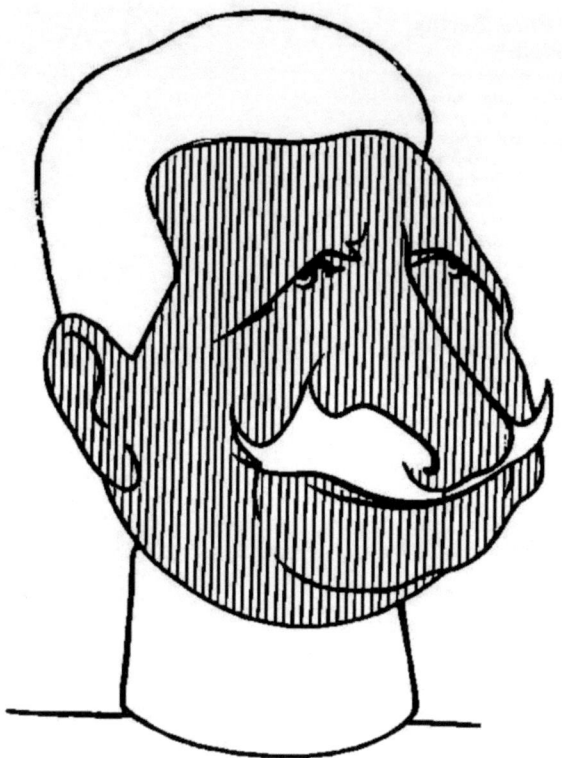

(Guiseppe Scalletini.)

An den Höchstkommandirenden der verbündeten Truppen Graf Waldersee.

Es is erreicht! jern möcht' ick jratuliren,
Denn, weesste, Freund, 's is keene Kleinigkeit,
Verschied'ner Völker Truppen kommandiren,
Ick kenne det aus meiner eij'nen Zeit;

Und eben weil ick selbst so wat jewesen,
Muss ick Dir sagen nach Soldatenpflicht:
'ne Ehre is et, jross un auserlesen,
Doch, jloob mir, een Verjnügen is et nich!

Der olle Wrangel.
Generalissimus von 1864, z. Z. im Elysium.

Waldersee, das Haupt
der Weltarmee.

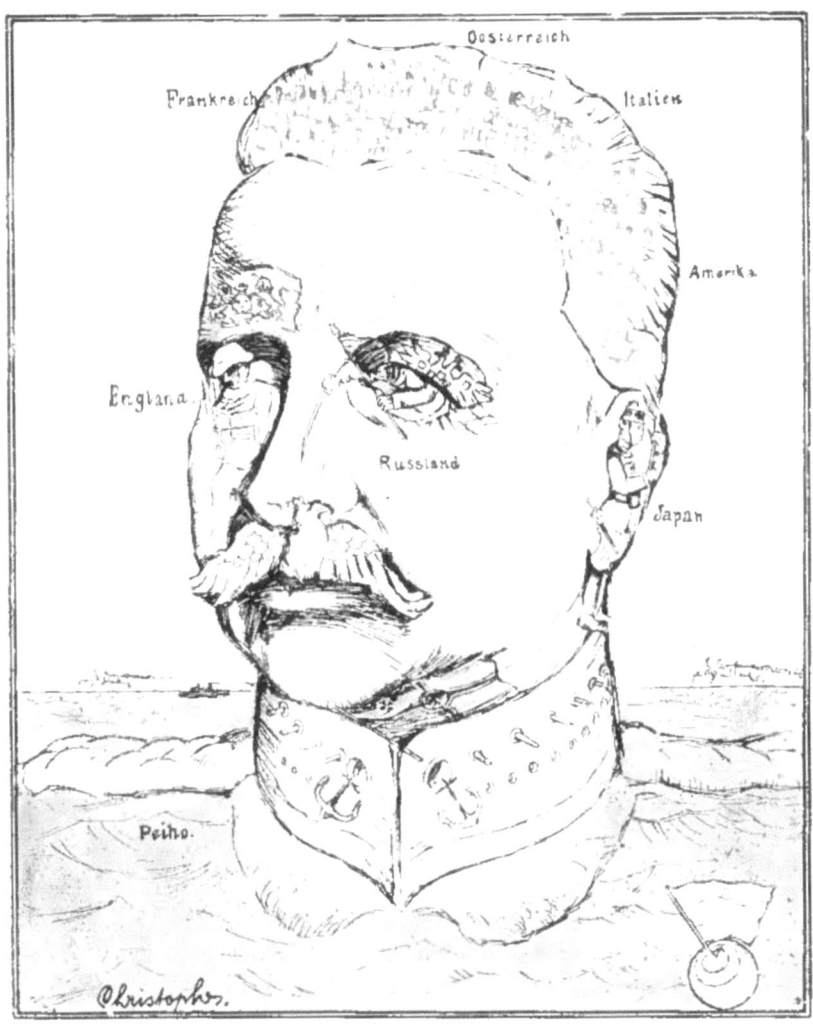

Nicht leicht ist es in jedem Fall
Als Ober-Chef des Amts zu walten,
Was muss doch so ein Weltmarschall
Wie Waldersee im Kopf behalten!

(Lustige Blätter

Verspätete Ankunft.
(Waldersee's Landung in Ostasien.)

Freude herrscht in China's Hallen, — wenn man endlich Frieden schliesst, — Jubellieder hört man schallen: — Holder Friede, sei gegrüsst! — Alles athmet froher, freier — Und der Ruf steigt in die Höh':

    Seht, zur Krönung uns'rer Feier
    Prompt erscheint — der Waldersee!

Die Ankunft des Generalissimus.

Generalissimus (bei seinem Erscheinen auf dem Kriegstheater: Nun, General, wo stehen wir?

General: Wie Sie sehen, Excellenz, geht alles wunderbar von statten.

Generalissimus: Und die chinesische Armee?

General: Vollständig aufgerieben! Wir haben 20000 Chinesen gefangen genommen.

Generalissimus: Und die Gesandtschaften?

General: Sind wohl und munter!

Generalissimus: Kurz und gut, wie denken Sie über den Krieg?

General: Meiner Ansicht nach ist der Krieg vollständig beigelegt.

Generalissimus (kalt): Gut, dann werden wir wieder anfangen.

General: Wie meinten Excellenz?

Generalissimus: Ich bin der General der europäischen Armeen, d. h. ich vertrete Europa. Damit nun die Lektion, die Europa dem Chinesenreich zu Theil werden lässt, eine nachhaltige sei und auch für die Zukunft Früchte trage, darf diese Macht nicht von dem oder jenem Heer, nicht von dieser oder jener Nation geschlagen sein; sie muss durch den europäischen Generalissimus geschlagen werden, ergo durch mich!

General: Sehr wohl, Excellenz!

Generalissimus: Wir werden die Dinge wieder in den Zustand zurückversetzen, in dem sie vor meiner Ankunft waren!

General: Ich bin bereit, zu gehorchen. Was soll geschehen?

Generalissimus: Zu allererst lassen Sie die 20000 Gefangenen wieder frei und sagen Sie ihnen, dass das Bisherige nicht gilt, und dass wir sie später wieder gefangen nehmen werden!

General: Gut, und weiter?

Generalissimus: Dann werden Sie die Vertreter Frankreichs, Englands, der Vereinigten Staaten, Italiens und Russlands, sowie alle im Gesandtschaftsgebäude seinerzeit eingeschlossenen Personen veranlassen, sich freundlichst wieder auf ihren alten Platz zu begeben.

General: Wie Sie wünschen!

Generalissimus: Sie werden ihnen genau dieselbe Quantität an Lebensmitteln und Munition geben, die sie hatten.

General: Vielleicht ein wenig mehr?

Generalissimus: Wie Sie meinen. — Sie werden ihnen zu verstehen geben, dass man sie ein zweites Mal befreien wird, und dass ihnen diesmal das ganze Europa Hülfe bringen wird.

General: Ich eile, Ihre Befehle auszuführen!

Generalissimus: Nur so werden wir China die Ueberlegenheit der europäischen Civilisation über die chinesische Barbarei wirklich ad oculos demonstriren, und die Lektion wird, wenn sie sich hierdurch auch ein wenig verzögern dürfte, nur um so grandioser sein! (Alfred Capus.)

Waldersee führt eine zusammenlegbare Villa mit, die ein Muster modernen Comforts ist. — Der Feldmarschall wird nicht einen Augenblick seine liebgewordenen Einrichtungsstücke zu entbehren brauchen.

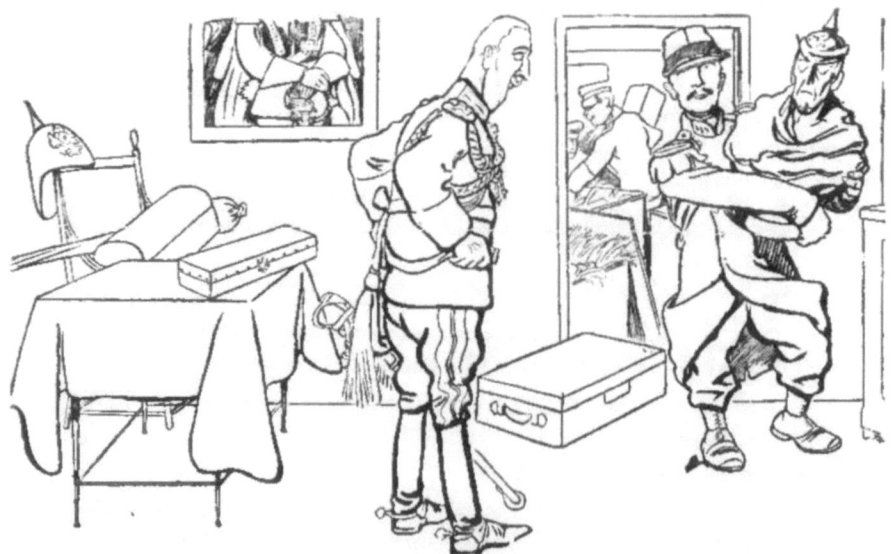

„Wo stellen wir nun den Moltke hin, Herr Feldmarschall?"
(Le Figaro. — Paris.)

Grossmächte,

welche in stiller Zurückgezogenheit ihre Entbindung von der Nothwendigkeit, unter einem preussischen Generalissimus Krieg zu führen, abwarten wollen, finden freundlichen Anschluss an eine friedliebende französische Dame. Um vertrauliche Zuschriften bittet Marianne, Paris.

John Bull: Vorwärts, Michel! Ich komme gleich nach.

(Kladderadatsch.)

84 „Zopf ab"

Nach der Einnahme Pekings hoffen wir, dass sich die Verbündeten derart beschränken werden, in China grosse internationale Manöver abzuhalten.
(Charivari.)

August: Das ist fur mich 'ne Kleinigkeit, die Chinesen zusammenzutrampeln!
(Boraszem Jankó.)

Weise Lehren an den Generalissimus Grafen Waldersee.

So Du den Oberbefehl über die Heerschaaren, so da gen China ziehen, vom Aufgange bis zum Niedergange, übernehmest, gedenke der Worte des HERRN: „Mein ist die Rache" und versenke jegliches Erbarmen in die Tiefe des Meeres.

Ich werde Deinen Mund öffnen, auf dass die Worte Dir von den Lippen fliessen wie Honigseim und wie Oel, mit dem man salbet die Auserwählten des HERRN.

So wie einst Gideon, der Knecht Gottes, sprach: „Sonne stehe still über Gideon", also befiehl auch Du im Reiche der Sonne, dass sie stillstehe, wenn Du schlagest die Ketzer aufs Haupt, dass ihnen wackeln die Zöpfe, an denen sie wie Absalon an dem Baume baumeln sollen.

Wie einst Simson mit einem Eselskinnbackenknochen die Philister schlug, also bediene Dich auch gen die Chinesen der fremden Söldlinge, ohne Ansehen der Nation und des Stammes, denn siehe, in der Hand des Gewaltigen, so Gottes Streiter ist, wird auch ein Eselsknochen zur siegreichen Waffe.

Und nun ziehe mit dem HERRN und wo Du dem Feinde begegnest, stehe ihm Rede. Amen. (Hum. Bl.)

Entwurf eines Fächers für den Tanz in China.

Diese Fächersprache werden die harthörigen Chinesen wohl verstehen!
(L. B.)

„Zopf ab"
Dicke Freundschaft.

Graf Waldersee im Salon bei Li-Hung-Tschang.
(Berl. Illustr. Ztg.)

Obercommandant Waldersee.

Jetzt heisst es wieder einmal deutschem Commando gehorchen. Wenigstens wird uns der nicht wieder fünf Milliarden kosten.
                                            Mons. Chauvin.

* * *

All right! Ist uns ja auch ganz recht. Freilich hätte ich es lieber gesehen, wenn Deutschland uns seinen **Waldersee** für Transvaal geliehen und unseren Roberts an die Spitze der europäischen Truppen in China gestellt hätte.
                                             Old-England.

* * *

Ich esse am liebsten jene Kastanien, die ein Anderer für mich aus dem Feuer holt.
                                             Russland.

Wir haben den Chinesen gezeigt, dass wir von den Deutschen etwas gelernt haben. Nun sollen diese den Chinesen beweisen, dass sie noch nichts vergessen haben.
Die Japaner.

* * *

Va bene! Jedenfalls sind wir ausser Obligo, wenn die Geschichte schief geht.
Italien.

* * *

Zatrazene! Ise Meglichkeit, dass dienens in esterreichische Corpus Czechen. Toje gibte nix mit deitsche Cummandosprach.
Mi Behm.

Aus kommenden Tagen.

Die Chinesinnen: Erbarmen, o Herr! Wir ergeben uns Dir auf Gnade und Ungnade.

Oberbefehlshaber Graf Waldersee: Nutzt Euch nischt, Ihr Kleenen! Ick darf keenen Pardong jeben, meine Olle ist nämlich mit hierher jekommen.
(Floh.)

Jungdeutschland auf der See.

Nun strömt das Volk zum Meeresstrand
Herbei aus Fern' und Näh'.
Ein Lebewohl, ein Druck der Hand —
Schon schwimmt entgegen fremdem Land
Jung Deutschland auf der See.

Es zieht hinaus mit frischem Muth,
Mit blankem Stahl bewehrt.
Noch niemals anvertraut der Fluth
Hat Deutschland ein so kostbar Gut,
Seit es das Meer befährt.

Die eignen Kinder schickt es aus
O in wie weite Fern',
Es schickt sie wohlbewehrt hinaus,
Es rief sie auf zu schwerem Strauss,
Sie aber folgten gern.

Wird aber keine Klage laut,
So thut doch Scheiden weh;
So mancher Mutter, Schwester, Braut
Von Thränen wird das Aug' bethaut
Beim Blicken auf die See.

Wie Schleier fällt es vors Gesicht,
Vor holde Aeugelein.
Das Letzte, was die Heimath spricht,
Es ist das Wort: „Vergiss mein nicht!
Auch ich vergess' nicht dein!"

Ihr, die ihr auszieht, denkt daran,
Nehmt mit der Heimath Bild!
Das schweb' euch vor, das lach euch an,
Es bring' euch Trost und mahn' euch dran,
Was es zu wahren gilt.

Bewahrt euch draussen über'm Meer
Den Stolz, der euch gebührt,
Ein reines Herz und blanke Wehr,
Und macht dem deutschen Namen Ehr',
Wohin der Weg euch führt.

Auch in der Fern' in Kampf und Streit
Bleibt treu und guten Muths,
Vergesst es nicht in Freud' und Leid
Dass Einer Mutter Söhne seid
Ihr all' und Eines Bluts.

Von Deutschlands Herzen nehmt ein Stück
Ihr mit, wohin es geh'.
Mit euch die Lieb', mit euch das Glück
Fahr wohl und kehr' mit Ruhm zurück,
Jung Deutschland auf der See!
(Kladderadatsch.)

Chinesisches Schattenspiel.

Das alte Europa: Also da wäre sie, die gelbe Gefahr, von der man so viel gesprochen hat!
(Le Figaro. — Paris.)

Allgemeine Schlussbetrachtungen.

Europäisch-Asiatische Rhythmen.

Ghasel.

O schöne saure Gurken-Zeit! Die Tage
   bald entschwunden sind,
Da du fidel noch herrschen kannst,
   wo Stunden die Sekunden sind.
Doch wo bleibt nur die Schlange
   jetzt, die sonst durch alle
   Blätter kriecht,
Und wo nur die Methusalems, die
   jährlich noch gefunden sind?
Den klugen Karo sah ich nicht, das
   unverschämt gescheite liest,
Sowie die Enten allesammt, die sonst
   doch gute Kunden sind.
Ach, wo bei dreissig Réaumur man
   diese Neuigkeiten las,
Vernimmt man jetzt, dass am Pei-ho
   die Christen todtgeschunden
   sind,
Dass in Südafrika der Bur sich tapfer
   seiner Haut noch wehrt
Und dafür ihm die Englishmen durch-
   aus nicht sehr verbunden sind.
Seeschlange und Methusalems, die
   starben nun aus lauter Wuth,
Weil sie zuerst in diesem Jahr von
   keinem Blatt — erfunden sind.

*

Patriotische Triolette.

Ach, nur ein kleines Triolettchen
Lass mich Dir, Allerschönste, weih'n;
Und rümpfst Du auch das Näschen
   fein:
„Ach, nur ein kleines Triolettchen!"
Sei still! Es soll ein festes Kettchen
Von mir zu Deinem Herzen sein. —
Ach, nur ein kleines Triolettchen
Lass mich Dir, Allerschönste, weih'n.

Ein Kleid kauf ich Dir à la Khaki,
Das steht Dir militärisch chic.
Ich hab's gesagt, 's giebt kein „zurück":
Ein Kleid kauf ich Dir à la Khaki.
Auf „Khaki" reimt sich „Katzen-Maki".
So dichtet man durch Dünn und Dick,
Ein Kleid kauf ich Dir à la Khaki
Das steht Dir militärisch chic.

Ich aber kann mich nicht enthalten,
Ich schreib ein patriotisch Spiel
In schneidigem, geläuff'gem Stil.
Ich kann mich wirklich nicht enthalten.
Ich hab' die Helden, die Gestalten
Vor'm Blick schon, wie der Schütz
   das Ziel.
Ich kann mich wirklich nicht enthalten,
Ich schreib ein patriotisch' Spiel.

So wirken wir gesinnungstüchtig,
Mein Lieb und ich für's Vaterland.
Nicht jeder nimmt das Schwert zur
   Hand.
So wirken wir gesinnungstüchtig.
Ein patriotisch Schauspiel dicht' ich,
Sie trägt ein khakibraun' Gewand,
So wirken wir gesinnungstüchtig,
Mein Lieb und ich für's Vaterland.

*

Friedrichsruh.

Die Weltgeschichte sitzt jetzt an der
   Kunkel,
Dem klügsten Zeitungsmann erlischt
   das Licht.
Es geht wie halblaut drohendes Ge-
   munkel
Durch's weite Land: Kommt jetzt das
   Weltgericht?
Beklommen schaut hinauf zum Stern-
   gefunkel
Der Diplomat, der sich den Kopf zer-
   bricht. —
Der Alte aber schläft im Waldes-
   dunkel,
Er schläft und schläft und hört die
   Rufer nicht.

(L. Bl.)

„Das Zeitalter der Gefahren.

(Kladderadatsch.)

Allgemeine Betrachtungen.

Das Ende vom Liede.
(Ein Blick in die Zukunft.)

... Schliesslich bei der Dinge
　　　　Ordnung
Wurde durch Gewalt verfügt,
Eine Hauptstadt habe China.
Die ganz nah am Meere liegt.

Denn man konnt' sich nicht verhehlen,
Dass dies äusserst praktisch sei,
Wenn sich wieder mal erhöbe
Eine grosse Keilerei.

Und in einem solchen Falle —
Dies Motiv wog äusserst schwer —
Läg' die neue Hauptstadt China's
Weit bequemer als bisher.

Da begannen die Debatten:
Welche Seestadt soll es sein?
Hatte Frankreich was gefunden,
Legte Deutschland Veto ein.

Hatte Deutschland sich entschieden,
Protestirt' Amerika,
So dass man der Dinge Lösung
Absolut nicht kommen sah.

— — — — — — —

　　Schliesslich bei der Dinge
　　　　Ordnung —
Manches Jahr ging noch dahin —
Ward die Lösung doch gefunden
In dem vorerwähnten Sinn.

Eine Stadt ward ausgefunden,
Wie vom Himmel designirt,
Und von dieser aus ward
　　　　wirklich
China kräftiglich regiert.

Diese Stadt lag nah' am Meere,
Wie sich's ja von selbst verstand,
Und sie ist in weiten Kreisen
Als „Sankt Petersburg" bekannt.
　　　　　　　　A. M.

Turandot up to date.

Sie hat noch heut der Räthsel viel,
Die Lösung will mir schwer ge-
　　　　　　　　lingen;
Wann wird dies ew'ge Räthsel-
　　　　　　　　spiel
Sie selber ins Verderben bringen?
　　　　　　　　(L. Bl.

Das chinesische Gummi-Männchen.

Das Buren-Gummi-Männchen: Du hättest Dir lieber ein Beispiel an mir nehmen sollen und herunterkommen, bevor es zu spät ist!   (The King. — London.)

Russland ist mit den Mächten vollkommen einig, dass Peking die Hauptstadt von China ist, hingegen ist es mit den Mächten bloss darüber uneinig, ob man in Peking bleiben soll.

Russland ist in voller Uebereinstimmung mit den Mächten bezüglich der Thatsache, dass Tsu-tsi eine alte Frau ist, hingegen ist es mit den Mächten darüber uneinig, was mit der alten Dame zu geschehen hat. —

Russland schliesst sich den Mächten an, mit der Ansicht, dass die Mandschurei im Norden von China liegt, hingegen besteht eine kleine Differenz in Betreff der Frage, wem die Mandschurei gehören soll.

(Hum. Bl.)

Li-Hung-Tschang's selige Wittwe.

„Tum Lewen is woll wenig Hapnung?" säd de Snider; da hadden sei sin Fru secirt.

(Lustige Blätter.)

„Zopf ab"

Nicht verzweifeln, Kamerad! Die Chinesen sind allerdings futsch, aber einige Prünellen werden wohl noch drin sein! (Charivari.)

Drei sonderbare Heilige. (Der wahre Jakob.)

Allgemeine Schlussbetrachtungen.

Die chinesische Mauer.
(Nach der Besetzung Pekings durch die Europäer.)

Mit Plakaten bedeckt, — Von der Kultur beleckt.
(Lustige Blätter.)

Berliner in China.
Freiwilliger Lattenfritze: So, Ihr Ludersch, da wären wir! Wir werd'n Euch schon uff'n Zopp spucken!

Die chinesische Frage.

Rassenkampf!
Heute mir; morgen dir!
(Torraxa Esquella.)

Der gerupfte Pfau.
(Suum cuique.)

Und jedes Heer mit Sing und Sang,
Mit Kling und Klang und Tsching und Tschang,
Geschmückt mit „Pfauenfedern" — — — —

(Nach Bürgers „Leonore.")